Claude-Nicolas Ledoux' "Les Propylées de Paris". Eine Baugeschichte im Hinblick auf politische Aspekte

Alexandra Roszkowski

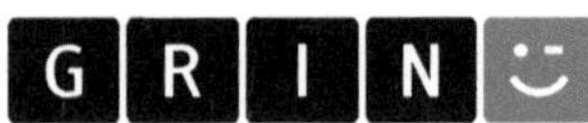

Bibliografische Information der Deutschen Nationalbibliothek:

Die Deutsche Nationalbibliothek verzeichnet diese Publikation in der Deutschen Nationalbibliografie; detaillierte bibliografische Daten sind im Internet über http://dnb.d-nb.de abrufbar.

ISBN: 9783346328045
Dieses Buch ist auch als E-Book erhältlich.

© GRIN Publishing GmbH
Nymphenburger Straße 86
80636 München

Alle Rechte vorbehalten

Druck und Bindung: Books on Demand GmbH, Norderstedt Germany
Gedruckt auf säurefreiem Papier aus verantwortungsvollen Quellen

Das vorliegende Werk wurde sorgfältig erarbeitet. Dennoch übernehmen Autoren und Verlag für die Richtigkeit von Angaben, Hinweisen, Links und Ratschlägen sowie eventuelle Druckfehler keine Haftung.

Das Buch bei GRIN: https://www.grin.com/document/976743

Universität Regensburg

Lehrstuhl für Kunstgeschichte

Hauptseminar: Klassizismus und Revolutionsarchitektur in Frankreich

Wintersemester 2014/15

Claude-Nicolas Ledoux: Les Propylées de Paris

Alexandra Roszkowski

Master of Arts

Fach: Kunstgeschichte (1. Semester)

1. Einleitung

Der Architekt Claude-Nicolas Ledoux wird häufig mit der Revolution und dem Klassizismus in Verbindung gebracht. Er gilt als Revolutionsarchitekt und war den politischen Umwälzungen seiner Zeit ausgesetzt und musste sich damit auseinandersetzen. Zu seinen bekanntesten Projekten zählen seine Ideen und Entwürfe für die Stadt Chaux sowie die Arbeiten zu den Propylées de Paris. Die zu einem geringen Teil heute noch bestehenden Propyläen werden auch *barrières* oder Zollmauern von Paris genannt. Sie wurden zur Zeit ihrer Entstehung stark kritisiert und stießen auf Protest in der Bevölkerung. Ihre Errichtung vollzog sich sehr schnell in den letzten Jahren des Ancien Régime. Im Folgenden soll zunächst die Geschichte des Baus und damit auch der politische Aspekt dargestellt werden. Hierbei sind besonders die schwierige Zeit, in der die *barrières* entstanden, und die problematischen Umstände zu nennen. Darauf folgend wird ihre Wirkung und der Symbolcharakter, den sie verkörperten, dargestellt. Hier ist vor allem entscheidend, dass die Kosten sehr hoch waren und die Zollmauern in einem sehr monumentalen und auffälligen Stil erbaut wurden. Auch die Tatsache, dass sie als Machtdemonstration des Staates gesehen wurden, stimmte die Bevölkerung negativ gegenüber diesen Bauten. Im nächsten Punkt soll versucht werden, den Stil der unterschiedlichen *barrières* zu kategorisieren und Vorbilder für die Formen und Elemente der Bauten zu finden. Dabei liegt das Augenmerk besonders auf der Antike sowie der Villa Rotonda von Andrea Palladio. Es werden Vergleiche hergestellt und von Ledoux übernommene Elemente dargelegt. Daraufhin werden die vier noch bestehenden Gebäude näher betrachtet, beginnend mit der Barrière d'Enfer. Es folgen die Rotonde de la Villette und die Barrière de Chartres. Als letzter noch existierender Bau wird die Barrière du Trône dargestellt. Nach dieser Betrachtung soll noch ein weiterer Aspekt der Stadtplanung Ledouxs berücksichtigt werden, nämlich die sogenannten *guiguettes*, die auch zu seinen Entwürfen zählen und als Tavernen für die Bevölkerung fungieren sollten. Schließlich stellt sich noch die Frage nach der Bedeutung der b*arrières* für Ledoux und sein Schaffen. Dabei soll vor allem darauf eingegangen werden, welcher Formensprache er sich bediente und welchen Zweck er damit verfolgte, so dass eine Einordnung seiner Arbeit versucht werden kann.

2. Die Zollmauer in Paris von Claude-Nicolas Ledoux

2.1 Die Baugeschichte

Für das Verständnis des symbolischen Charakters und die architektonische Umsetzung der *barrières* ist es zunächst von Bedeutung, ihre Baugeschichte und hierbei besonders den politischen Aspekt näher zu betrachten.

Nachdem Ledoux die Saline gebaut hatte, bekam er vom Finanzpachtamt den Auftrag für den Bau des Salzspeichers von Compiègne sowie der Zentralverwaltung des Amtes in der Rue du Bouloi. Sie wurden für das Finanzpachtamt errichtet. Dieses trieb unter anderem Steuern ein, die für nach Paris eingeführte Güter eingefordert wurden.[1] Darunter fielen zum Beispiel Holz, Wein, Kohle und Stroh.[2] Doch es bestand keine Einheitlichkeit zwischen den Bürgern der Stadt und der der Vororte, die spezielle Steuern abführen mussten. Zwischen den beide Gebieten gab es zu der Zeit keine klare Grenze. Es bestand lediglich ein hölzerner Palisadenzaun, der sie trennte. Die Pfähle, die von den Mitarbeitern des Finanzpachtamtes oft versetzt wurden, waren jedoch nicht ausreichend. Beispielsweise wurden unterirdische Gänge dazu genutzt, Wein von einem Keller in den anderen zu transportieren. Nach Michel Gallet gab es schon um 1780 einen ersten Plan für eine Mauer um die Stadt Paris.[3] Diese war „zu den Vororten durch eine baufreie Zone von fünfzig Klaftern, ungefähr hundert Meter, abgetrennt"[4]. Anthony Vidler zufolge wurde 1782 von dem Generalpächter Lavoisier ein Plan für eine neue Zollmauer in Paris erstellt. Die bis dahin bestehende Mauer war 1672 erbaut worden, nachdem die alte Befestigung zerstört worden war. Die neue Zollmauer sollte nun solider sein und der Stadt zu mehr Steuereinnahmen verhelfen. In den südöstlichen Vierteln sollte nach Lavoisier zuerst gebaut werden, also um das Hôpital de la Salpêtrière, Vaugirard und l'Ecole Militaire. Dies zeigt, dass er die finanziellen Einnahmen mit zusätzlichen Aufgaben bzw. Kontrollen der Polizei in Verbindung brachte, da die Viertel um die Salpêtrière von Kriminalität bestimmt und Treffpunkt für Arme und Arbeitslose waren.[5] „Auf dem rechten Seineufer umgriff die Stadtmauer Picpus, einen Teil von Ménilmontant, von La Villette und Montmartre, die Porcherons, Petite Pologne und Chaillot"[6].

---

[1] Vgl. Gallet, Michel: Claude-Nicolas Ledoux. Leben und Werk des französischen „Revolutionsarchitekten". Stuttgart 1983, S. 23.

[2] Vgl. Gallet 1983 (wie Anm. 1), S. 153.

[3] Vgl. Gallet 1983 (wie Anm. 1), S. 23.

[4] Vgl. Gallet 1983 (wie Anm. 1), S. 23.

[5] Vgl. Vidler, Anthony: Claude-Nicolas Ledoux. Basel 1988, S. 112.

[6] Vgl. Gallet 1983 (wie Anm. 1), S. 24.

Nachdem der Plan einige Zeit keine Beachtung erhielt, wurde er von Calonne erneut hervorgeholt und ausgearbeitet, mit dem Ziel, die Vororte von Paris zu sanieren und zu kontrollieren. Im Frühjahr 1784 legte man der Stadt Paris den Plan vor, in dem unter anderem eine neue Stadtmauer mit Toren sowie Büros und Unterkünfte für die über 800 Mitarbeiter der Generalpacht vorgesehen waren. Zu ihnen zählten unter anderem die Verwalter und Steuereinnehmer.[7] Der Plan sah eine 24 km lange Mauer vor[8], auf der die Angestellten je nach Tätigkeit positioniert werden sollten. Dabei sollte an einem Tor eine *brigade* aus sieben Wachen, eine *avant-garde*, die aus vier oder fünf Personen bestand, und ein *brigadier* unterkommen. Zudem waren sowohl Räume für einen Verwalter, als auch für einen Einnehmer geplant. In einem Tor sollten sich zudem eine Küche, Büros und Brennholzlager befinden. Die Tore erhielten an beiden Seiten für die Arbeiter Wachhäuschen. Außerdem bedachte man unter anderem Lagerhäuser, in denen die konfiszierten Güter gelagert werden konnten, sowie Wachtürme, Ställe und Zollbüros. Alles in Allem beinhaltete der Plan 55 Durchgangspunkte, die miteinander durch einen *boulevard* verbunden waren. Dieser schirmte die Stadtmauer sowohl innen, als auch außen ab.[9] Der Generalkontrolleur der Finanzen, Calonne, sah sich einerseits in der Pflicht, sparsam zu sein. Andererseits war er jedoch auch offen für Ledoux´s monumentale Ideen. Anfang des Jahres 1785 bewilligte Ludwig XVI. den Plan.[10] Im Jahre 1785 wurde mit dem Bau der Zollmauer begonnen.[11] Hierfür wurden im selben Jahr die Fundamente für die Büros an der Südseite der Stadtmauer gelegt. Doch das Ausmaß des Baus und die eigenartige Optik stießen bereits im Frühjahr 1786 auf Widerstand in der Bevölkerung. Außerdem wurde das Vorhaben bald durch die gesellschaftlichen Umwälzung und die Regierungskrise aufgegeben. Ledoux war sich dieser Situation bewusst und versuchte, Zeit für die Umsetzung zu erlangen.[12] Die Notabelnversammlung im Jahre 1787 wurde berufen, damit ausgewählte hochrangige Personen über den Versuch abstimmten, den Staatsbankrott abzuwenden.[13] Aus diesem Grund trieb Ledoux das Behauen der Wölbsteine und Kapitelle an. Dabei verfolgte er in erster Linie die Absicht, den Bau unwiderruflich und damit notwendig zu machen. Bis zu seinem Sturz am 8. April 1787 segnete Calonne die Kostenvoranschläge für das Projekt ab. Der Intendant der Finanzbehörde Douet de la

---

[7] Vgl. Vidler 1988 (wie Anm. 5), S. 112-113.

[8] Vgl. Gallet 1983 (wie Anm. 1), S. 153.

[9] Vgl. Vidler 1988 (wie Anm. 5), S. 113.

[10] Vgl. Gallet 1983 (wie Anm. 1), S. 24.

[11] Vgl. Vidler 1988 (wie Anm. 5), S. 113.

[12] Vgl. Gallet 1983 (wie Anm. 1)S. 153.

[13] Vgl. Thamer, Hans-Ulrich: Die französische Revolution. München 2004, S. 23.

Boulaye wies Ledoux unter dem neuen Generalkontrolleur Loménie de Brienne an, die Kosten zu reduzieren und seine Pläne einfacher zu gestalten. Ledoux wurde am 7. September 1786 seines Amtes enthoben, nachdem Ludwig XVI. seine Anordnungen zurückgenommen hatte. Seine Unterlagen sollte er zwei Kommissaren überreichen. Diese waren damit beauftragt, sein Vorhaben zu kontrollieren und die Kosten zu reduzieren.[14] „Am 15. September 1787 wurde ihm in einem ‚klärenden‘ Brief mitgeteilt, daß der König seine Dienste anerkenne, aber die öffentliche Meinung beruhigen wolle"[15]. Bereits im Februar 1788 durfte Ledoux seine Ämter wieder übernehmen. Jedoch musste er diese bereits ein Jahr später am 23. Mai 1789 aufgrund des politischen Zusammenbruchs wieder niederlegen. In dieser letzten Zeit rettete Ledoux fast sein gesamtes Projekt.[16] „Von fünfundsechzig Hauptgebäuden wurden nur die Büros von Ivry, Poissonnière und Rochechouart, die Rotonde des Amandiers und die Rotonde d'Orléans geopfert. Die Büros von Charenton blieben dreißig Jahre lang unvollendet"[17]. Zwischen dem 10. und 14. Juli 1789 wurden viele der Büros angezündet und ausgeplündert.[18] Das Revolutionskonvent hatte später die Idee, die *barrières* als Denkmäler für die Revolution zu nutzen. Jedoch riss man sie 1860 ab, als unter Hausmann Stadterweiterungen durchgeführt wurden.[19] Heute sind noch vier Bauten erhalten, nämlich die Barrière d'Enfer, die Barrière du Trône, die Barrière Saint-Martin bzw. Rotonde de la Villette und die Barrière de Chartres bzw. Rotonde d'Orléans.[20]

Bei der Betrachtung der Geschichte der Bauten wird besonders der politische Aspekt deutlich und die Problematik, die sich daraus ergab. Ledoux' Vorhaben geriet in eine Zeit, in der gesellschaftliche Umwälzungen stattfinden sollten und sah sich auch Schwierigkeiten gegenüber. Vor allem die Symbolhaftigkeit der monumentalen Bauten führte zur allgemeinen Unzufriedenheit und ihrer Ablehnung, da sie für die Bevölkerung als Zeichen der königlichen Macht und als Repräsentanten der Steuerbehörde verstanden wurden.

---

[14] Vgl. Gallet 1983 (wie Anm. 1), S. 153.

[15] Vgl. Gallet 1983 (wie Anm. 1), S. 153.

[16] Vgl. Gallet 1983 (wie Anm. 1), S. 153.

[17] Vgl. Gallet 1983 (wie Anm. 1), S. 153.

[18] Vgl. Gallet 1983 (wie Anm. 1), S. 153.

[19] Vgl. Sauter, Hanns M./ Hartmann, Arno/ Katz, Tarja: Einführung in das Entwerfen: Band 1: Entwurfspragmatik. Wiesbaden 2011, S. 139.

[20] Vgl. Kastorff-Viehmann, Renate: Meilensteine der Architektur. Baugeschichte nach Personen, Bauten und Epochen. Stuttgart 2010, S. 199.

2.2 Die architektonische Umsetzung

Nach diesem Einblick in die Geschichte der Bauten soll im Folgenden ihr architektonischer Charakter näher betrachtet werden. Dabei werden besonders auch die möglichen Vorbilder der *barrières* aufgezeigt.

In der Architektur der *barrières* findet sich eine besondere Eigenart Ledoux' wider, nämlich die Überhöhung der Objekte. Dies war mitunter ein Grund dafür, dass die Gesellschaft dem Bau skeptisch gegenüber war und das Ausmaß der Gestaltung als übertrieben und verschwenderisch sah. Die *Barrières* wurden so laut Vidler[21] „von kleinen Büros für die Agenten der Generalpacht zu Triumphpforten für die Stadt"[22]. Viele der *barrières* wurden außerdem auf dem instabilen Grund der ehemaligen Steinbrüche erbaut. Dies stellte das Vorhaben vor Probleme, da spezielle Fundamente und technische Lösungen verwendet werden mussten. Eine Besonderheit bei der Errichtung der *barrières* war zudem die Schnelligkeit, mit der gearbeitet wurde. Als Ludwig XVI. sich gezwungen sah, die Arbeiten einstellen zu lassen, war der Bau fast vollendet.[23]

„Manche der *barrières* waren bescheidene eingeschossige Pavillons mit nur zwei Räumen, andere waren mehrgeschossig und ausladend gebaut"[24]. Aber ihnen waren einige Merkmale gemeinsam, die als stilbestimmend angesehen werden können. Sie spiegelten alle den selben architektonischen Charakter wider. So enthielten sie Elemente und Formen aus der Zeit der Renaissance und der Antike, die von Ledoux auf unterschiedlichste Weise miteinander kombiniert wurden. Bei den Grundrissen gab es einige Typen, die immer wieder verwendet wurden. So zum einen die Tempelformen eines Peripteros (vgl. Abb. 1) und Amphiprostylos (vgl. Abb. 2) und ein griechisches Kreuz, welches in einem quadratischen Grundriss gesetzt wurde, wie bei der Villa Rotonda von Andrea Palladio. Außerdem gab es[25] „kubische Pavillons mit Pedimenten an zwei oder allen vier Seiten"[26]. Auch Rotunden, wie die Barrière de Chartres (vgl. Abb. 3) und Pavillons, die Säulengängen besitzen, sind zu finden sowie Verbindungen von mehreren dieser Typen.[27]

---

[21] Vgl. Vidler 1988 (wie Anm. 5), S. 109.

[22] Vgl. Vidler 1988 (wie Anm. 5), S. 109.

[23] Vgl. Gallet 1983 (wie Anm. 1), S. 25.

[24] Vgl. Vidler 1988 (wie Anm. 5), S. 113.

[25] Vgl. Vidler 1988 (wie Anm. 5), S. 113.

[26] Vgl. Vidler 1988 (wie Anm. 5), S. 113.

[27] Vgl. Vidler 1988 (wie Anm. 5), S. 113.

Ähnlichkeit zu einem dorischen Tempel des 6. Jahrhunderts v. Chr. beispielsweise hatte die Barrière de Courcelles (vgl. Abb. 4). In dieser befand sich die Polizei und die Steuerbehörde.[28]

Die Architekturelemente wurden ebenfalls auf wenige Grundformen beschränkt angewendet. Ledoux verwendete beispielsweise einfache dorische Säulen, die meistens nicht kanneliert waren. Ihre Basis war häufig nicht betont, aber sie besaßen stark ausgeprägte Schwellung und Bossenwerk an beispielsweise Erdgeschossen oder Sockeln sowie an Säulen, wo es rund oder rechteckig ausgeführt war.[29]

Ein weiteres Element waren Giebel, die ebenfalls variiert wurden, beispielsweise indem sie durch Öffnungen durchbrochen oder mit flachen oder vorstehenden Schlusssteinen ausgestattet wurden. Die Pavillons setzten sich aus diesen Bestandteilen zusammen und konnten dadurch einerseits mit ihrer Lage und Umgebung in Verbindung gebracht, andererseits jedoch auch als Gesamtheit und damit als Repräsentanten der Generalpacht erkannt werden.[30]

Eine besondere funktionale Bedeutung hatten die Barrières de la Cunette und de la Rapée, die an der Seine lagen. Sie fungierten als Stützpunkte für die Zollboote. Die Barrière de la Cunette (vgl. Abb. 5) besaß doppelte Säulen, die mit Bossenwerk versehen waren. Diese gingen über in drei venezianische Öffnungen über denen ein langgestreckter Giebel saß. Die Zollschiffe konnten die Barrière de la Cunette durch ein Becken, welches sich auf Flußhöhe befand, erreichen. Über diesem befand sich ein Bogen, der mit schwerem Bossenwerk versehen war. Die Barrière de la Rapée (vgl. Abb. 6) setzte sich aus einem runden Gebäude zusammen, das um einen offenen Hof gebaut war. Sie enthielt Außen einen Säulengang mit dorischen Säulen, die keine Basis besaßen. Ledoux entwarf für die Barrière de la Rapée zudem vier Vorhallen mit Giebeln und weit vorstehenden Schlußsteinen. Zusätzlich gestaltete er für diese *barrière* ein Zollboot (vgl. Abb. 7). Dabei handelte es sich um eine neuklassizistische Gondel, auf der ein Peripteros mit venezianischen Bögen angebracht war.[31]

Ein weiteres Element, das Ledoux verwendete waren Bögen und Säulen, die er auch in verschiedenen Variationen miteinander verband. So schuf er an der Barrière de Clichy (vgl. Abb. 8) einen Porticus mit venezianischem Bogen und einzelnen Säulen. In Belleville (vgl. Abb. 9) hingegen nutzte er Doppelsäulen und lies eine Mischform aus Tempel und Basilika entstehen. In

---

[28] Vgl. Gallet 1983 (wie Anm. 1), S. 24-25.

[29] Vgl. Vidler 1988 (wie Anm. 5), S. 113.

[30] Vgl. Vidler 1988 (wie Anm. 5), S. 113-114.

[31] Vgl. Vidler 1988 (wie Anm. 5), S. 114.

Ménilmontant (vgl. Abb. 10) errichtete Ledoux einen Peripteros, der drei Bögen besaß. Diese waren auf jeder Seite über doppelten Säulen ohne Schwellung.[32]

Ledoux orientierte sich beim Bau seiner *barrières* außerdem stark an Andrea Palladios Villa Rotonda, wie bereits bei der Darstellung der Grundrisstypen erwähnt wurde. Der quadratische Grundriss mit einem griechischen Kreuz (vgl. Abb. 11) lässt sich beispielsweise bei der Barrière de Picpus (vgl. Abb. 12) und der Barrière de la Villette (vgl. Abb. 13) wiederfinden. Die Laterne an der Villa Rotonda (vgl. Abb. 14) übernimmt Ledoux ebenfalls in zylindrischer, rechteckiger oder wie an der Barrière du Roule (vgl. Abb. 15) kuppelförmiger Ausführung. Den Vorbau mit Giebel zitiert er beispielsweise bei der Barrière de Picpus (vgl. Abb. 16), bei der dieser, wie auch an der Villa Rotonda, auf vier Seiten ausgeführt ist. Er besitzt hier glatte dorische Säulen.[33] Ledouxs Orientierung an Palladio ist auch an der sogenannten *Serliana*, dem Fenster Palladios (vgl. Abb. 17), zu sehen. Diese findet sich unter anderem abgewandelt an der Barrières des Paillassons (vgl. Abb. 18) mit dorischen Säulen und ohne Basis.[34]

Ein weiteres Vorbild für einige Bauten waren die großen Hôtels, die am Eingang einen großen Porticus besaßen. Ein Beispiel hierfür ist die Barrière de la Place d'Italie (vgl. Abb. 19), die umlaufende venezianische Arkaden hatte. Diese gewährten den Zollbeamten Schutz. Auch die Barrière de Maine (vgl. Abb. 20) besaß Eingänge mit schweren, abgestuften Rustikalblöcken.[35]

Es lassen sich noch weitere Merkmale finden, die häufiger auftauchen. So wurden beispielsweise an der Ecole Militaire (vgl. Abb. 21) oder am Place du Trône (vgl. Abb. 22) einfache kubische Pavillons, die mit Giebeln versehen waren, errichtet. Auch doppelte Giebel kamen öfter vor, die teilweise gebrochen oder flach gewölbt waren. Diese finden sich unter anderem bei der bereits erwähnten Barrière des Paillassons. Rotunden lassen sich auch finden, die zum Teil an Gartenpavillons erinnerten. Passend dazu entstanden sie in offenen, parkähnlichen Gegenden. So der Wachposten an der Barrière de l'Étoile (vgl. Abb. 23) und die Barrière de Chartres (vgl. Abb. 24).[36]

Ledoux verfolgte mit seinen Bauten zwei Ziele, nämlich sowohl die ästhetische, als auch die moralische Verschönerung. Diese zeigt sich sehr deutlich in seinen Ideen für acht große Tavernen

---

[32] Vgl. Vidler 1988 (wie Anm. 5), S. 116.

[33] Vgl. Vidler 1988 (wie Anm. 5), S.116.

[34] Vgl. Gallet 1983 (wie Anm. 1), S. 24.

[35] Vgl. Vidler 1988 (wie Anm. 5), S. 116-117.

[36] Vgl. Vidler 1988 (wie Anm. 5), S.117.

(vgl. Abb. 25). Sie gehörten auf Anweisung Calonnes zur städtebaulichen Planung der *barrières*. Diese sogenannten *guinguettes* sollten einen Ersatz bieten für die Lokale, die außerhalb der Stadttore aufgrund des dort steuerfreien Weins entstanden waren. Calonne wollte damit nicht nur die bis dahin verlorenen Steuereinnahmen aus dem Verkauf von Wein erhalten, sondern auch mit einer staatlichen Taverne Ruhe und Ordnung sichern. Die *guinguettes* umfassten sowohl öffentliche *salons*, als auch Höfe zum Tanz, die mit Arkaden umschlossen waren. Der Grundriss weist auch hier meistens ein Quadrat und ein griechisches Kreuz auf. Lediglich eine Ausnahme zeigt ein Dreieck, das in einem Kreis steht. Außerdem besaßen einige zentral einzeln stehende Pavillons. Dies lässt sich in Verbindung setzen mit den *barrières*, die sich an der Villa Rotonda orientiert hatten. Jede der *guinguettes* bezog sich auf einen Standort bzw. Platz, an dem sich die Bevölkerung gerne aufhielt. Dies waren beispielsweise die Faubourgs Poissonière und Chaillot. Den Quai de la Rapée plante Ledoux als Ufertaverne, bei der die Höfe aus Wasserbecken bestanden. Diese konnten zum Bootsfahren oder Schwimmen genutzt werden.[37]

2.3 Exemplarische Dartellung der Zollmauern an den noch bestehenden Bauten

Nach dieser Betrachtung des Stils und der Vorbilder der *barrières* folgt nun die Darstellung der vier noch erhalten gebliebenen Zollhäuser von Ledoux, beginnend mit der Barrière d'Enfer. Es folgen die Rotonde de la Villette und die Barrière de Chartres. Zuletzt wird die Barrière du Trône näher betrachtet.

2.3.1 Die Barrière d'Enfer

Die Barrière d'Enfer (vgl. Abb. 26 und Abb. 27) besteht aus zwei Bauten und liegt an der Place Denfert-Rochereau. Der Name dieses Platzes lässt sich daraus herleiten, dass aufgrund mehrerer Wortentstellungen wohl aus der Via inferior, die zu römischer Zeit bestand, die Rue d'Enfer entstand, die heute die Place Denfert-Rochereau ist. Der Bau der beiden Gebäude, die bis heute bestehen, wurde im Jahre 1787 fertiggestellt. In den Friesen befanden sich weibliche Figuren. Diese wurden von Moitte in Stein gehauen und trugen Schilder, auf denen die Wappen der Städte zu sehen waren, die an der Straße nach Orléans lagen. Diese Büros erhielten bereits unter Ledoux mehrere Anbauten. So die *Première douane de la Barrière d'Orléans*. Dabei handelte es sich um eine Rotunde, von der drei Kreuzflügel ausgingen. Das Gebäude ist im Grundriss durch den *Recueil*

---

[37] Vgl. Vidler 1988 (wie Anm. 5), S. 118-119.

Blacs bekannt und in der Perspektive durch Gaitte. Es hatte im Juli 1789 noch keine Innenwände oder Böden. Zudem wurde es nach den Bränden nicht wieder errichtet.[38]

2.3.2 Die Barrière de Chartres

Die Barrière de Chartres (vgl. Abb. 28) wird auch Rotonde d'Orléans genannt. Am 15. März 1787 stellte Ledoux dem Herzog von Orléans, Seigneur de Monceau, seine Entwürfe für dieses Büro vor.[39] Ledoux schrieb dazu: „„Dieser Fürst (..) hat sich vorher erboten, zur Verschönerung der Stadt beizutragen und Land für die Anlage des Boulevards zur Verfügung zu stellen. Seitdem hat er Ländereien erworben, die an die Stadtmauer grenzen, und möchte dieses Jahr Pflanzungen durchführen, die im Blickfeld des Büros liegen"'[40]. Für seinen persönlichen Gebrauch bekam er von Ledoux ein Appartement in der Rotunde. Ein Stich von Ledoux zeigt die Rotunde nach dessen Entwurf. Später wurden noch Kanneluren und eine runde Kuppel hinzugefügt.[41]

Die Rotonde de Chartres war Vidler zufolge dazu bestimmt, den *Jardin de Monceau* zu verschönern, der dem Duc d'Orléans gehörte.[42]

In der Rotunde befinden sich heute Aufenthaltsräume für die Parkwächter.[43]

2.3.3 Die Barrière Saint-Martin

Ein weiterer noch erhaltener Bau ist die Barrière Saint-Martin oder Rotonde de la Villette (vgl. Abb. 29). Als Vorbild diente hier die Villa Rotonda in Vicenza von Palladio. Ledoux hatte sie nie selbst gesehen, aber er kannte ihr Aussehen von englischen Beispielen.[44]

Die Barrière Saint-Martin besitzt eine hohe zentrale Rotunda sowie einen quadratischen Sockel. Sie umfasst einen Hof und ist von venezianischen Arkaden umgeben. Außerdem besitzt sie vier Eingänge mit je einem Portikus. Dieser ist bei allen gleich groß und enthält einen Giebel sowie rechteckige toskanische Säulen.[45]

---

[38] Vgl. Gallet 1983 (wie Anm. 1), S. 159.

[39] Vgl. Gallet 1983 (wie Anm. 1), S. 161.

[40] Vgl. Gallet 1983 (wie Anm. 1), S. 161.

[41] Vgl. Gallet 1983 (wie Anm. 1), S. 161.

[42] Vgl. Vidler 1988 (wie Anm. 5), S. 117.

[43] Vgl. Sauter/Hartmann/ Katz 2011 (wie Anm. 19), S. 138.

[44] Vgl. Sauter/Hartmann/ Katz 2011 (wie Anm. 19), S. 139.

[45] Vgl. Vidler 1988 (wie Anm. 5), S. 114.

Im Oktober 1785 befasste sich Ledoux mit der Beschaffenheit des Bodens, auf dem er die *Rotonde de la Villette* erbauen wollte. Er setzte sie[46] „auf die Mitte des Winkels, den die Straßen von Flandern und von Deutschland bildeten"[47]. Diese sollten zusätzlich von zwei kleinen Schilderhäuschen bzw. Rouletten, also Seitengebäuden, umsäumt werden. Ledoux stellte einen Kostenvoranschlag in Höhe von 180 000 Pfund zusammen, der am 2. Juli 1786 gebilligt wurde. Speziell für den Bau dieser Rotunde stellte Ledoux bis zu 200 Arbeiter ein. Im September 1787 wurden die Stockwerke, die kreisförmig waren, errichtet. Ursprünglich waren vier Statuen geplant, die auf den Rouletten angebracht werden sollten. Man entschied sich jedoch gegen die Statuen und dafür, nur in einen Giebel der Rotunde das Wappen Frankreichs zu hauen. Die Rotunde war wohl als Zollhaus oder Warenlagerhaus geplant und sollte Reisenden Schutz bieten. Michel Gallet zufolge, wollte Ledoux noch den kreisförmigen Hof überdachen, so wie bei der Barrière du Combat (vgl. Abb. 30). Das nicht vollendete Werk Ledoux´ versuchte die Administration im Jahre 1822 fertigzustellen. Die Errichtung der Rouletten wurde vorangetrieben und der von der Stadtseite an das Gebäude grenzende Hof, schloss man durch ein bogenförmiges Gitter.[48]

2.3.4 Die Barrière du Trône

Die Entwürfe für die Barrières de l'Etoile und die Barrière du Trône wurden von Ludwig XVI. persönlich begutachtet. Die Büros waren mit einem Gitter verbunden, welches durch zwei Säulen unterbrochen wurde. Die Schäfte dieser Säulen lies Louis-Philippe mit Basreliefs versehen. Die *Barrières de l'Etoile* dienten unter anderem dazu, die Champs-Elysées und die Place de Louis XV. für die Besucher von Paris anzukündigen.[49]

Die Barrière du Trône (vgl. Abb. 31) wird auch Barrière de la route de Viencennes genannt. Sie lag gegenüber den Barrières des Étoile auf der Querstraße, die von Ost nach West führte und später durch den Durchbruch der Rue de Rivoli fertiggestellt wurde. Vor der *barrière* ist hier unter Ludwig XIV. ein Triumphbogen entstanden. Dieser war aus Holz und Gips nach einer Zeichnung von Claude Perrault errichtet worden. Man riss ihn im Jahre 1716 ab und der Grund blieb unter Besitz der königlichen Baubehörde. Aufgrund dieser Vorgeschichte wollte Ledoux die Zustimmung des

---

[46] Vgl. Gallet 1983 (wie Anm. 1), S. 162.

[47] Vgl. Gallet 1983 (wie Anm. 1), S. 162.

[48] Vgl. Gallet 1983 (wie Anm. 1), S. 162.

[49] Vgl. Gallet 1983 (wie Anm. 1), S. 24-25.

Königs für den Bau seiner *barrière* erhalten, die er auch bekam.[50] Die Pavillons an der Place de Vincennes hatten zwei große freistehende Säulen in dorischer Ordnung, die sich von einer kreuzförmigen Basis erhoben. Vidler zufolge ist dies von Ledoux als Hommage an die Monarchie anzusehen.[51] „Die Säulen der Avenue de Vincennes (…) sollten mit Trophäen und allegorischen Figuren geschmückt werden, welche die Freiheit des Handels und das öffentliche Wohl darstellen sollten, mit Verzierungen und Inschriften ausgestattet"[52], so Ledoux selbst. Im Musée Carnavalet befindet sich ein Modell aus Talk, auf dem eine Säule mit glattem Schaft dargestellt ist. Auf einem Stich von Le Campion sind die Trophäen, die Ledoux anspricht, zu erkennen. Das Dekor war jedoch bescheidener als das, was man zu Zeiten von Louis-Philippe verwendete. Als Ledoux sich den Sparmaßnahmen gegenüber sah, hatten die Dachdecker bereits angefangen, an den beiden Büros zu arbeiten. Auch einige Steine waren schon für die Säulen gefertigt worden. Es fiel der Beschluss, lediglich das aufzubauen, was bereits fertig war. Die Spitze der noch unvollständigen Säulen sollten außerdem mit Ziegeln bedeckt werden. Die Säulen der Barrière du Trône wurden letztlich schnell vollendet.[53]

3. Schlussbemerkung

Nach dieser Darstellung der Barrières de Paris stellt sich noch die Frage, welche Ziele Ledoux mit seinen Bauten verfolgte und welcher Formensprache er sich dabei bediente. Vidler zufolge nutzte Ledoux die *barrières* als Versuchslabor. In ihnen probierte er viele Formen, Typologien und deren Variationen aus und löste sie von ihrer ursprünglichen Nutzung.[54]

Ledoux sah die *barrières* wohl als eine Art Museum für architektonische Typen und Elemente. Ihre Aufgabe bestand für ihn im Erzieherischen und Lehrhaften. Wesentliche Begriffe in Ledouxs Ästhetik des Städtebaus waren Panorama und theaterhafte Wirkung. „Er übertrug den 360-Grad-Winkel von den Panoramen, den neuen Schauplätzen künstlerischer Illusion, auf die Stadt selbst."[55] Die Bürger, die auf den Boulevards entlang liefen wurden dazu angeregt, eine Kette von

---

[50] Vgl. Gallet 1983 (wie Anm. 1), S. 164.

[51] Vgl. Vidler 1988 (wie Anm. 5), S. 114-115.

[52] Vgl. Gallet 1983 (wie Anm. 1), S. 164.

[53] Vgl. Gallet 1983 (wie Anm. 1), S. 164.

[54] Vgl. Vidler 1988 (wie Anm. 5), S. 116-117.

[55] Vgl. Vidler 1988 (wie Anm. 5), S. 118-119.

Assoziationen wahrzunehmen. Als ob eine *barrière* nicht ohne die nächste bestehen könnte und sich in dieser dann auflöst. Dabei aber auch vor allem eine neue Variation des Alten darstellt.[56]

Die *barrières* vereinen dabei alle den Charakter der öffentlichen Stadtbefestigung sowie den der königlichen Herrschaft.[57] „Ledoux trieb auch eine neue Form des Klassizismus bis an seine Grenzen, indem er Neues aus vereinzelten Fragmenten des Alten schuf"[58]. Wie bereits erwähnt, sind die *barrières* trotz der unterschiedlichen Gestaltung als Ganzes bzw. eine Einheit zu erkennen. Dies ist dem radikalen Primitivismus, den Ledoux verfolgte, zu verdanken. Er beinhaltet geometrische Reduktionen, die auf Ursprünglichkeit verweisen.[59] Ledoux zielte somit darauf, seinen Bauten sowohl einen repräsentativen, als auch einen einzigartigen Charakter zu geben. Er nutzte alte Formen und Elemente, wie beispielsweise die der Villa Rotonda, und gab ihnen eine eigene bzw. neue Wertigkeit.

---

[56] Vgl. Vidler 1988 (wie Anm. 5), S. 118-119.

[57] Vgl. Vidler 1988 (wie Anm. 5), S.115.

[58] Vgl. Vidler 1988 (wie Anm. 5), S.115.

[59] Vgl. Vidler 1988 (wie Anm. 5), S.115.

Gallet, Michel: Claude-Nicolas Ledoux. Leben und Werk des französischen „Revolutionsarchitekten". Stuttgart 1983.

Kastorff-Viehmann, Renate: Meilensteine der Architektur. Baugeschichte nach Personen, Bauten und Epochen. Stuttgart 2010.

Sauter, Hanns M./ Hartmann, Arno/ Katz, Tarja: Einführung in das Entwerfen: Band 1: Entwurfspragmatik. Wiesbaden 2011.

Thamer, Hans-Ulrich: Die französische Revolution. München 2004.

Vidler, Anthony: Claude-Nicolas Ledoux. Basel 1988.

Abbildungsverzeichnis

<u>Abbildung 1</u>: Peripteros. Grundriss. In: Summerson, John: Die klassische Sprache der Architektur. Wiesbaden 1983, S. 137

<u>Abbildung 2</u>: Amphiprostylos. Grundriss.   In: Summerson, John: Die klassische Sprache der Architektur. Wiesbaden 1983, S. 136.

<u>Abbildung 3</u>: Barrière de Chartres. Nach Ledoux gestochener Aufriss. In: Gallet, Michel: Claude-Nicolas Ledoux. Leben und Werk des französischen „Revolutionsarchitekten". Stuttgart 1983, S. 179.

<u>Abbildung 4</u>: Barrière de Courcelles. Stich von Baugean nach Goblain. In: Gallet, Michel: Claude-Nicolas Ledoux. Leben und Werk des französischen „Revolutionsarchitekten". Stuttgart 1983, S. 178.

<u>Abbildung 5</u>: Barrière de la Cunette. Ansicht von der Seine. Zeichnung von Misbach. In: Claude-Nicolas Ledoux. Leben und Werk des französischen „Revolutionsarchitekten". Stuttgart 1983, S. 173.

<u>Abbildung 6</u>: Barrière de la Rapée. Zeichnung von Maréchal. In: Claude-Nicolas Ledoux. Leben und Werk des französischen „Revolutionsarchitekten". Stuttgart 1983, S. 190.

<u>Abbildung 7</u>: Barrière de la Rapée. Nach Ledoux gestochene Ansicht mit Zollschiff. In: Claude-Nicolas Ledoux. Leben und Werk des französischen „Revolutionsarchitekten". Stuttgart 1983, S. 190.

<u>Abbildung 8</u>: Barrière de Clichy. Zeichnung von Lemonnerye. In: Claude-Nicolas Ledoux. Leben und Werk des französischen „Revolutionsarchitekten". Stuttgart 1983, S. 179.

<u>Abbildung 9</u>: Barrière de Belleville. Ansicht vom Anfang des 19. Jahrhunderts. In: Claude-Nicolas Ledoux. Leben und Werk des französischen „Revolutionsarchitekten". Stuttgart 1983, S. 185.

15

Abbildung 10: Barrière de Ménilmontant. Stich von Palaiseau. In: Claude-Nicolas Ledoux. Leben und Werk des französischen „Revolutionsarchitekten". Stuttgart 1983, S. 186.

Abbildung 11: Andrea Palladio. Villa Rotonda. Grundriss. In: Muscheler, Ursula: Sternstunden der Architektur. Von den Pyramiden bis zum Turmbau von Dubai. München 2009, S. 149.

Abbildung 12: Barrière de Picpus. Handgezeichneter Grundriss aus dem Recueil Blacs. In: Claude-Nicolas Ledoux. Leben und Werk des französischen „Revolutionsarchitekten". Stuttgart 1983, S. 188.

Abbildung 13: Barrière de la Villette. Handgezeichneter Grundriss des Erdgeschosses, aus dem Recueil Blacs. In: Claude-Nicolas Ledoux. Leben und Werk des französischen „Revolutionsarchitekten". Stuttgart 1983, S. 181.

Abbildung 14: Andrea Palladio. Villa Rotonda. Aufriss. In: Muscheler, Ursula: Sternstunden der Architektur. Von den Pyramiden bis zum Turmbau von Dubai. München 2009, S. 149.

Abbildung 15: Barrière du Roule. Ausschnitt aus dem Stich nach J.-L. Prieur. In: Claude-Nicolas Ledoux. Leben und Werk des französischen „Revolutionsarchitekten". Stuttgart 1983, S. 177.

Abbildung 16: Barrière de Picpus. Aquarellierter Aufriss. In: Claude-Nicolas Ledoux. Leben und Werk des französischen „Revolutionsarchitekten". Stuttgart 1983, S. 188.

Abbildung 17: Serliana. In: Constant, Caroline: Der Palladio-Führer. Braunschweig 1988, S. 42.

Abbildung 18: Barrières des Paillassons. Stich von Palaiseau. In: Claude-Nicolas Ledoux. Leben und Werk des französischen „Revolutionsarchitekten". Stuttgart 1983, S. 171.

Abbildung 19: Barrière de Fontainebleau (Place d'Italie). Einer der Pavillons. Aufriss aus dem Recueil Blacs. In: Claude-Nicolas Ledoux. Leben und Werk des französischen „Revolutionsarchitekten". Stuttgart 1983, S. 165.

Abbildung 20: Barrière de Maine. Fotografie von Gouviot. In: Claude-Nicolas Ledoux. Leben und Werk des französischen „Revolutionsarchitekten". Stuttgart 1983, S. 170.

Abbildung 21: Barrière de l'Ecole Militaire. Fotografie von Gouviot. In: Claude-Nicolas Ledoux. Leben und Werk des französischen „Revolutionsarchitekten". Stuttgart 1983, S. 172.

Abbildung 22: Barrière du Trône. Fotografie. In: Claude-Nicolas Ledoux. Leben und Werk des französischen „Revolutionsarchitekten". Stuttgart 1983, S. 187.

Abbildung 23: Barrière de l'Étoile. Einer der Pavillons. Fotografie von Marville. In: Claude-Nicolas Ledoux. Leben und Werk des französischen „Revolutionsarchitekten". Stuttgart 1983, S. 177.

Abbildung 24: Barrière de Chartres. Nach Ledoux gestochener Aufriss. In: Claude-Nicolas Ledoux. Leben und Werk des französischen „Revolutionsarchitekten". Stuttgart 1983, S. 179.

Abbildung 25: Beispiel für den Entwurf einer Guinguette in Chaillot. In: Claude-Nicolas Ledoux. Leben und Werk des französischen „Revolutionsarchitekten". Stuttgart 1983, S. 192.

Abbildung 26: Barrière d'Enfer. Lageplan. In: Claude-Nicolas Ledoux. Leben und Werk des französischen „Revolutionsarchitekten". Stuttgart 1983, S. 169.

Abbildung 27: Barrière d'Enfer. Stich von Ch. Normand für die Annales des Bâtiments. In: Claude-Nicolas Ledoux. Leben und Werk des französischen „Revolutionsarchitekten". Stuttgart 1983, S. 169.

Abbildung 28: Barrière de Chartres. Nach Ledoux gestochener Aufriss. In: Claude-Nicolas Ledoux. Leben und Werk des französischen „Revolutionsarchitekten". Stuttgart 1983, S. 179.

Abbildung 29: Barrière de la Villette. Geometrischer Aufriss nach Legrand gestochen. In: Claude-Nicolas Ledoux. Leben und Werk des französischen „Revolutionsarchitekten". Stuttgart 1983, S. 182.

Abbildung 30: Barrière du Combat. Aquarellierter Abzug eines Stiches von Palaiseau. In: Claude-Nicolas Ledoux. Leben und Werk des französischen „Revolutionsarchitekten". Stuttgart 1983, S. 183.

Abbildung 31: Barrière du Trône. Stich von Courvoisier. In: Claude-Nicolas Ledoux. Leben und Werk des französischen „Revolutionsarchitekten". Stuttgart 1983, S. 187.

Abbildungen

Abbildung 1: Peripteros. Grundriss.

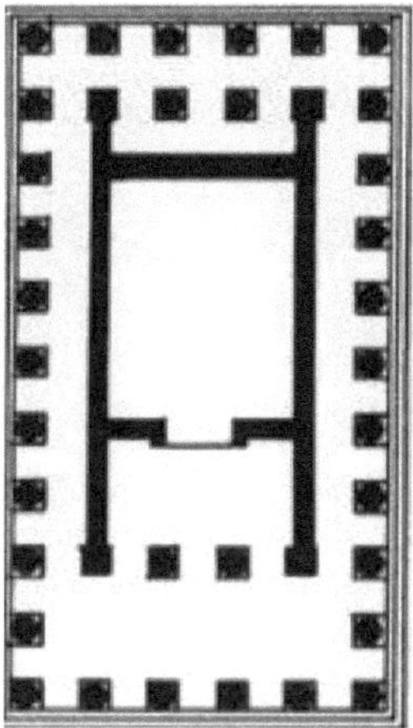

Abbildung 2: Amphiprostylos. Grundriss

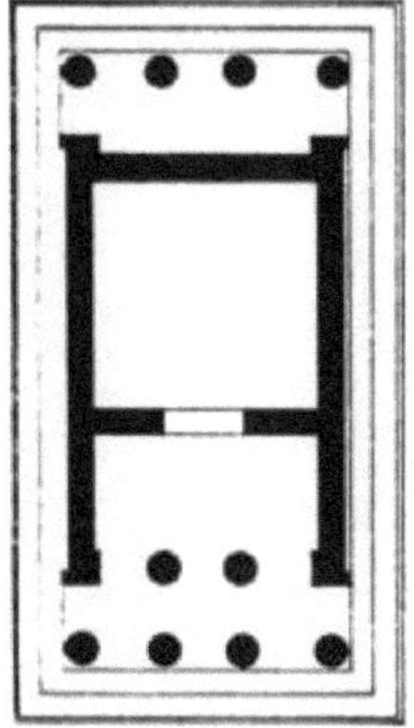

Abbildung 3: Barrière de Chartres. Nach Ledoux gestochener Aufriss.

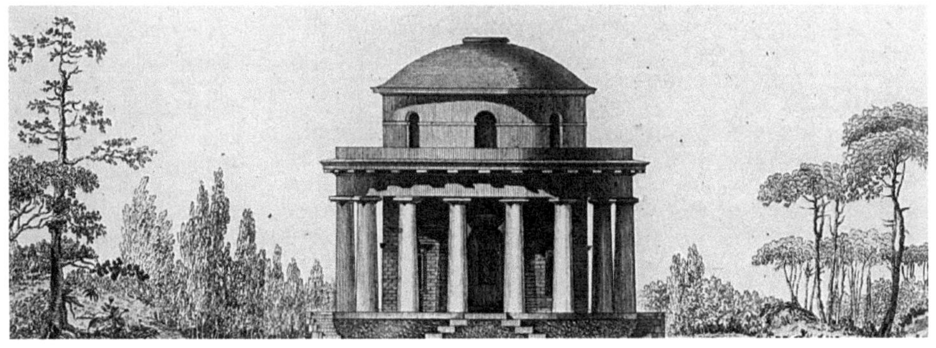

Abbildung 4: Barrière de Courcelles. Stich von Baugean nach Goblain.

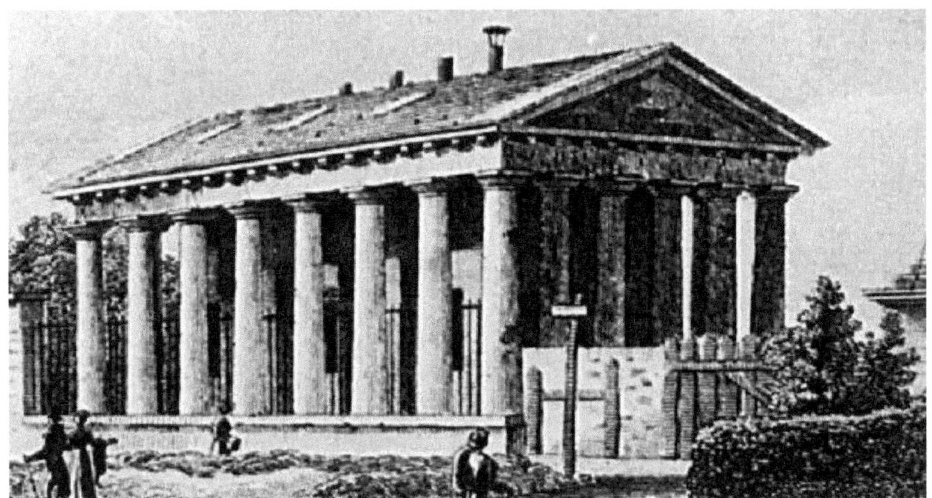

Abbildung 5: Barrière de la Cunette. Ansicht von der Seine. Zeichnung von Misbach.

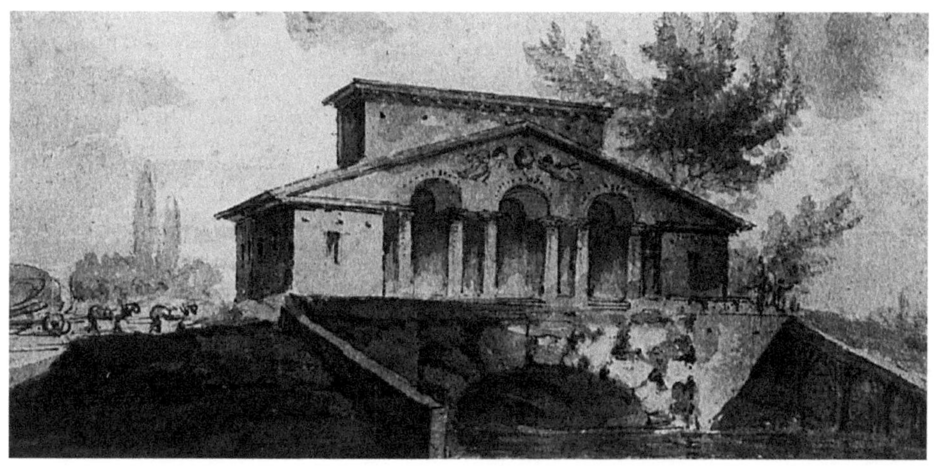

Abbildung 6: Barrière de la Rapée. Zeichnung von Maréchal.

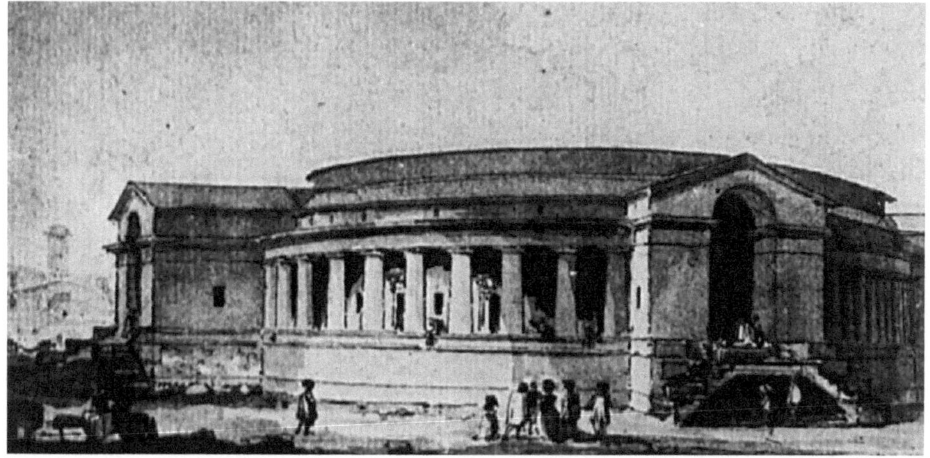

Abbildung 7: Barrière de la Rapée. Nach Ledoux gestochene Ansicht mit Zollschiff.

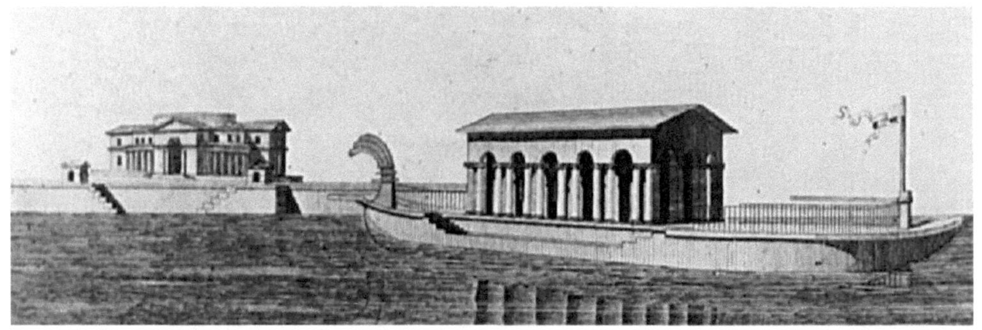

Abbildung 8: Barrière de Clichy. Zeichnung von Lemonnerye.

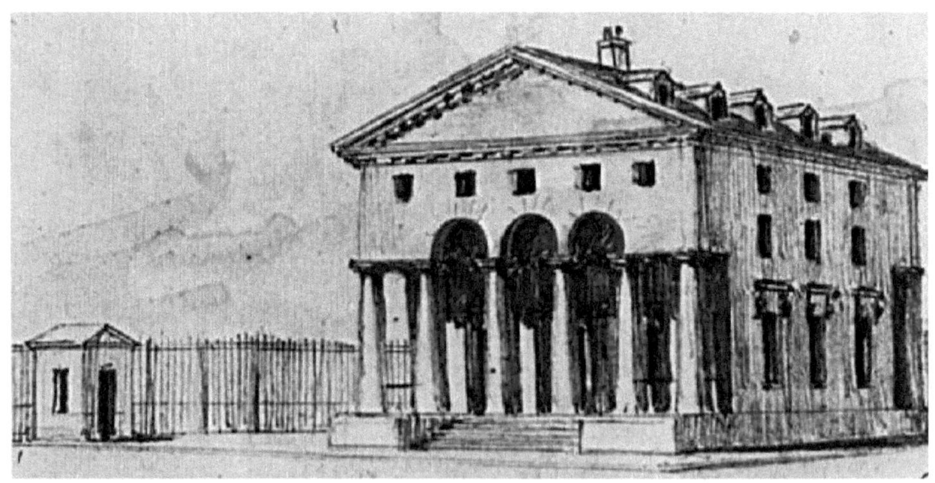

 Barrière de Belleville. Ansicht vom Anfang des 19. Jahrhunderts.

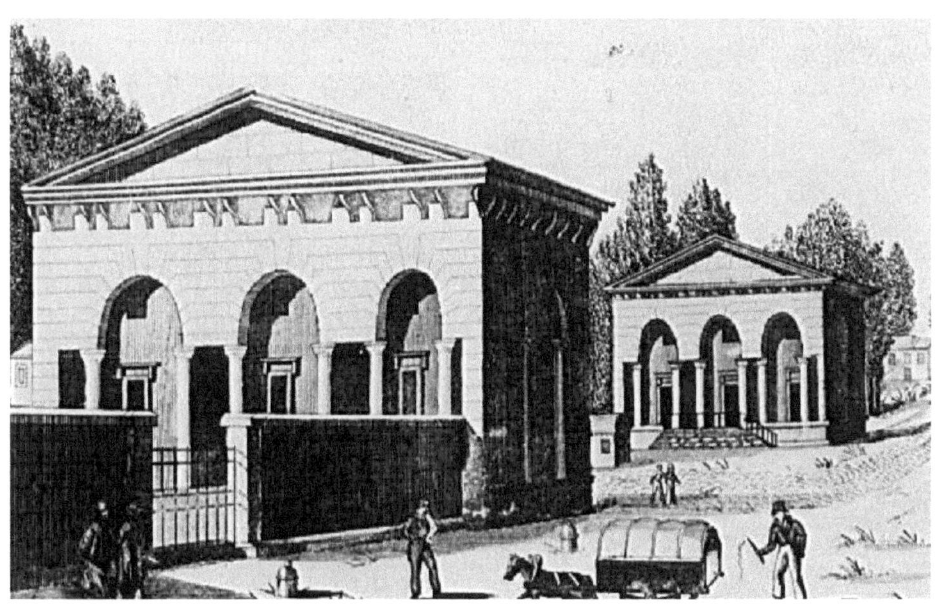

 Barrière de Ménilmontant. Stich von Palaiseau.

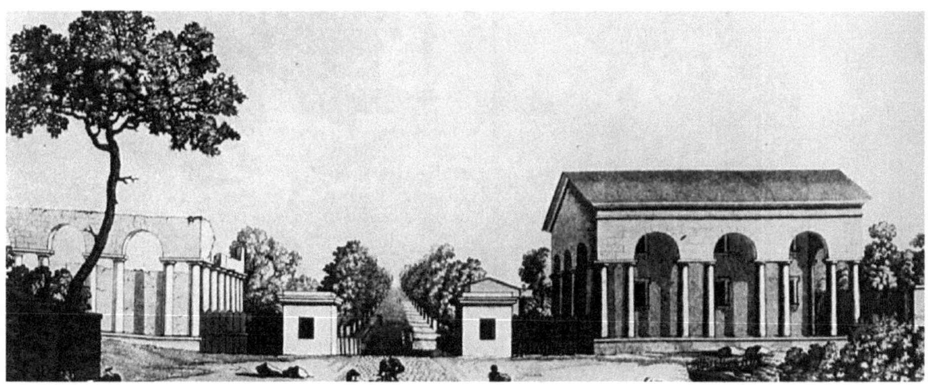

 Andrea Palladio. Villa Rotonda. Grundriss.

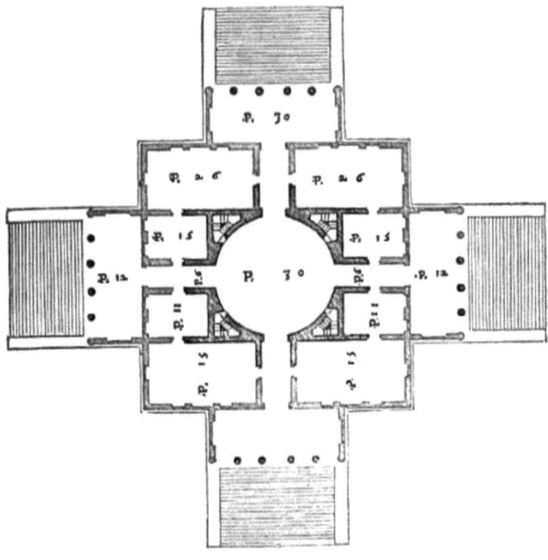

 Barrière de Picpus. Handgezeichneter Grundriss aus dem Recueil Blacs.

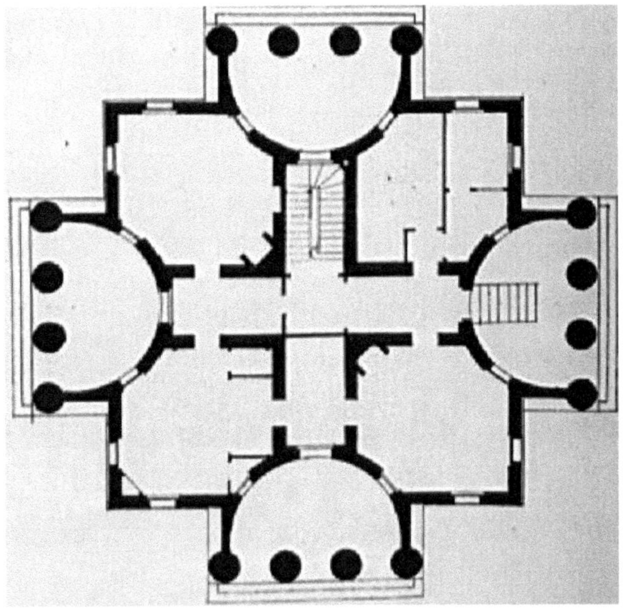

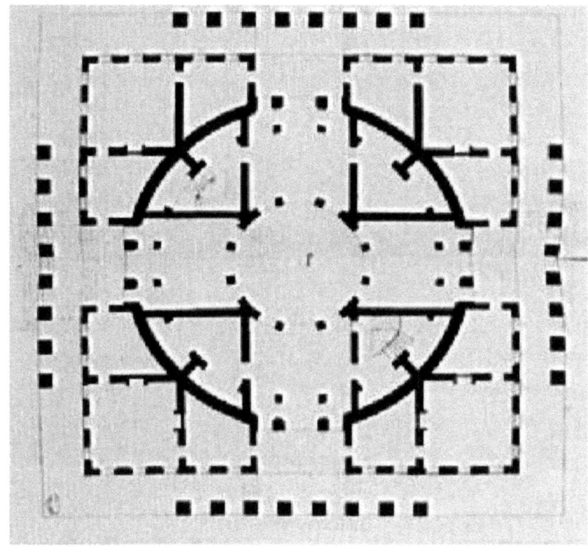

Abbildung 14: Andrea Palladio. Villa Rotonda. Aufriss.

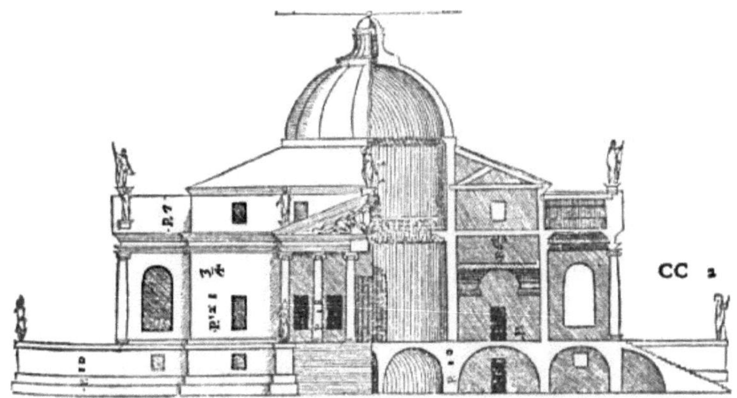

 Barrière du Roule. Ausschnitt aus dem Stich nach J.-L. Prieur.

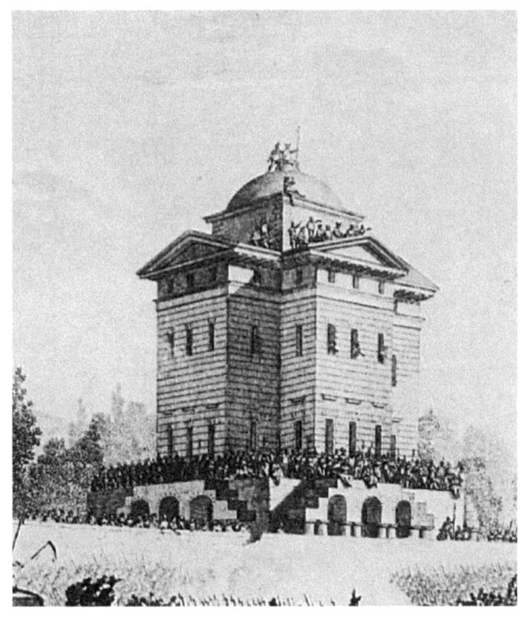

 Barrière de Picpus. Aquarellierter Aufriss.

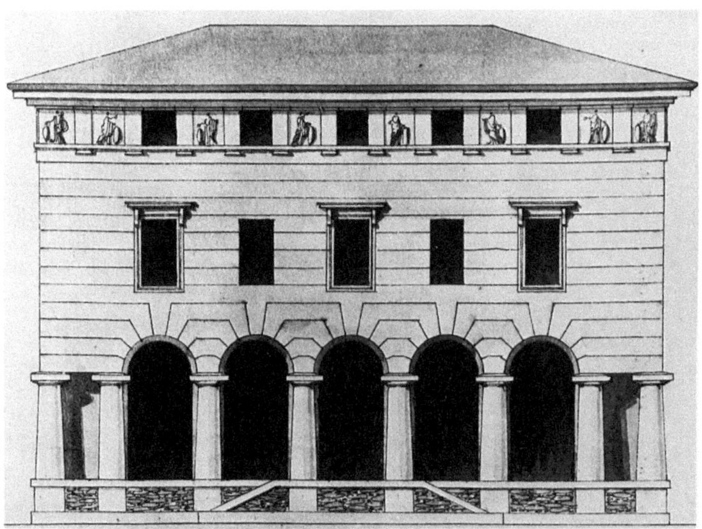

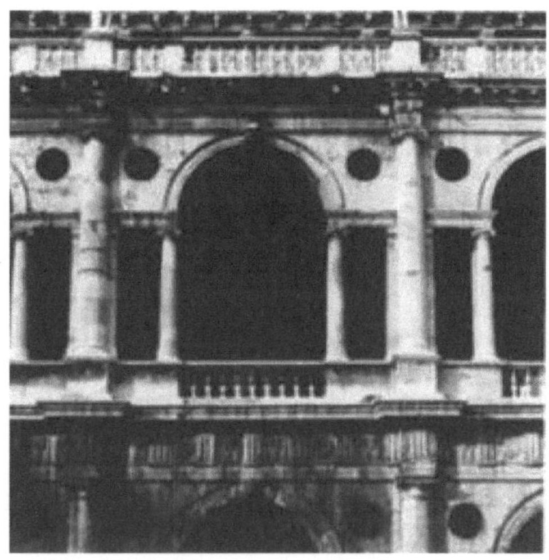

Abbildung 17: Serliana. Fenster nach Palladio.

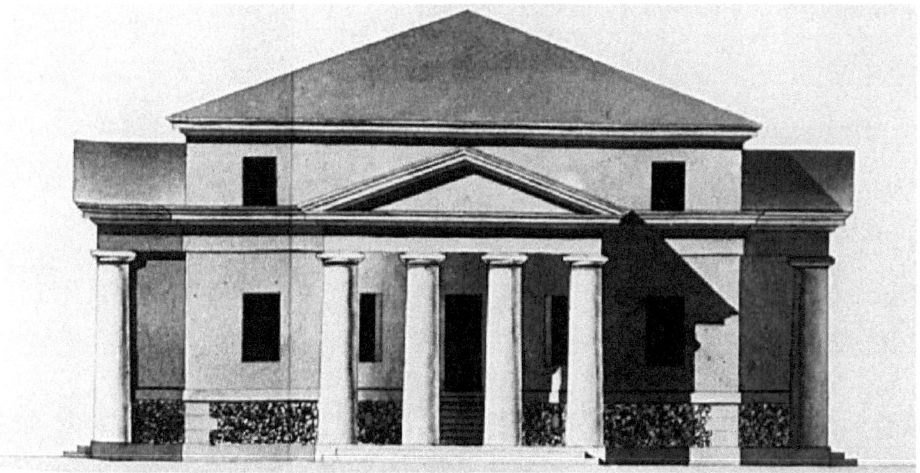

Abbildung 18: Barrières des Paillassons. Stich von Palaiseau.

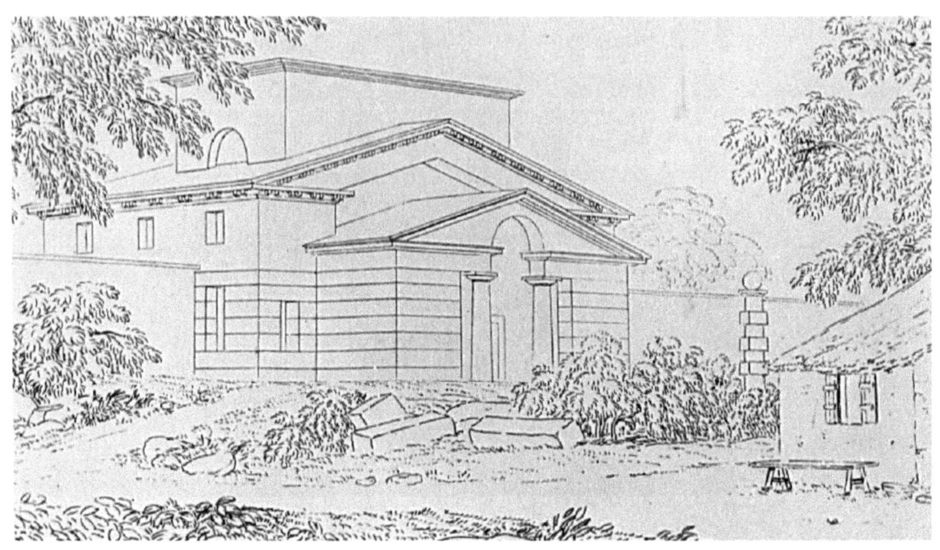

Abbildung 19: Barrière de Fontainebleau (Place d'Italie). Einer der Pavillons. Aufriss aus dem Recueil Blacs.

Abbildung 20: Barrière de Maine. Fotografie von Gouviot.

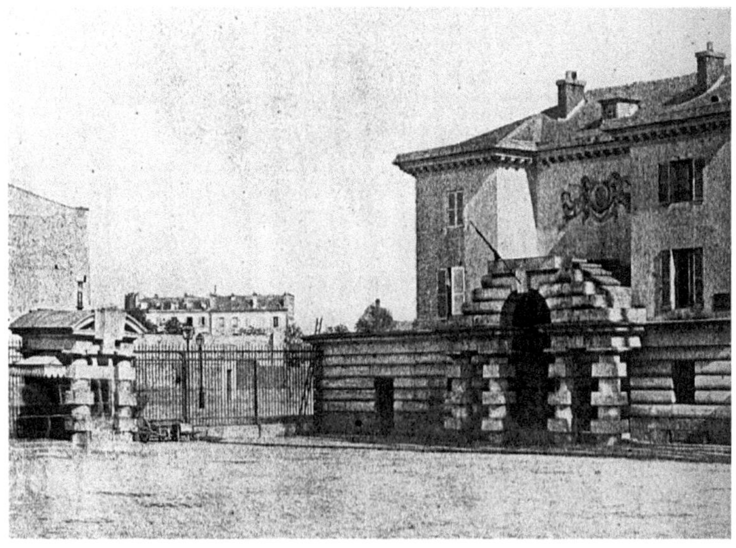

Abbildung 20: Barrière de Maine. Fotografie von Gouviot.

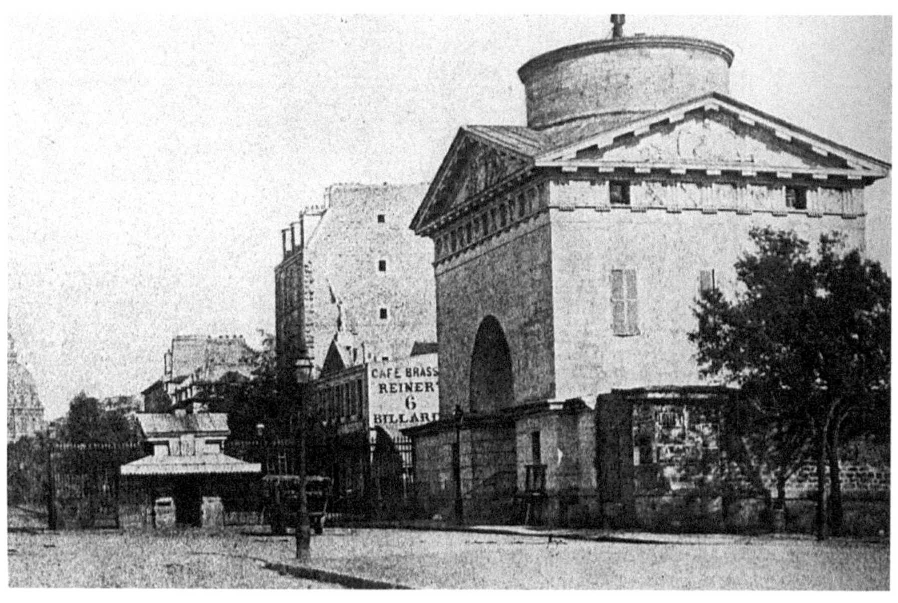

Abbildung 21: Barrière de l'Ecole Militaire. Fotografie von Gouviot.

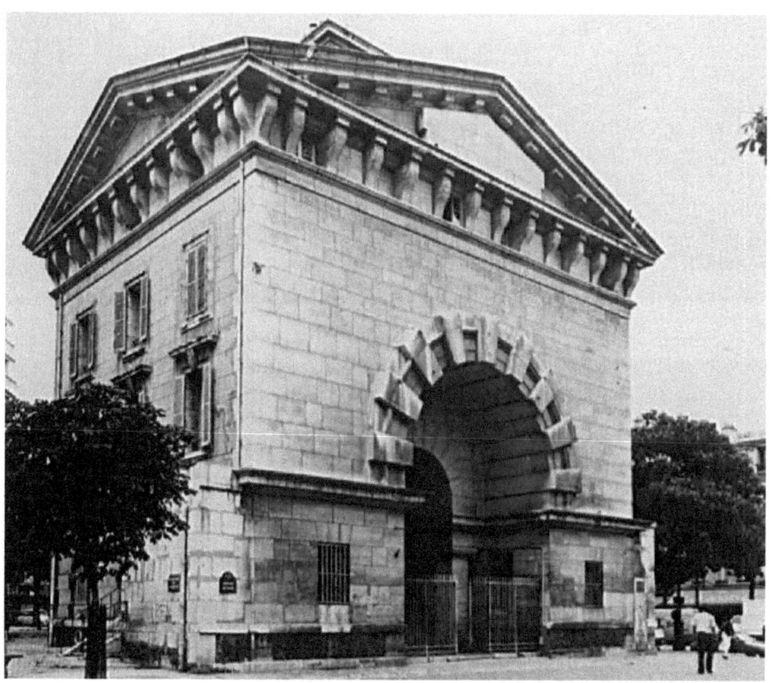

Abbildung 22: Barrière du Trône. Fotografie.

Abbildung 23: Barrière de l'Étoile. Einer der Pavillons. Fotografie von Marville.

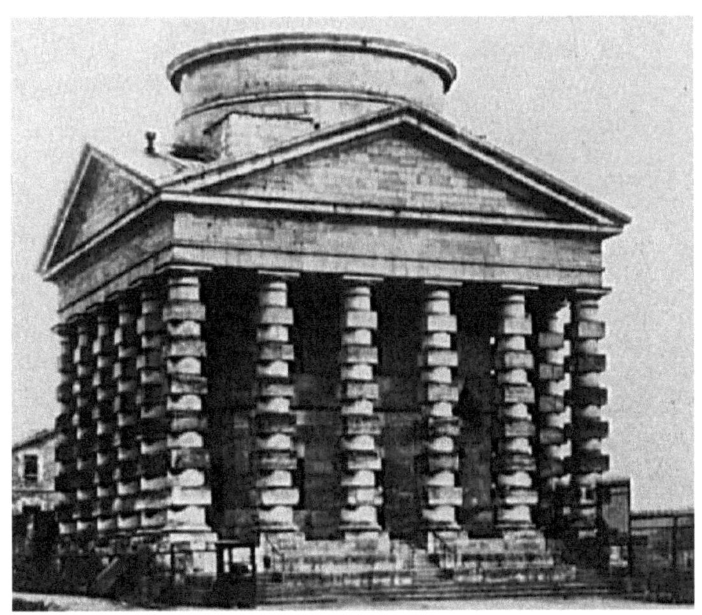

Abbildung 24: Barrière de Chartres. Nach Ledoux gestochener Aufriss.

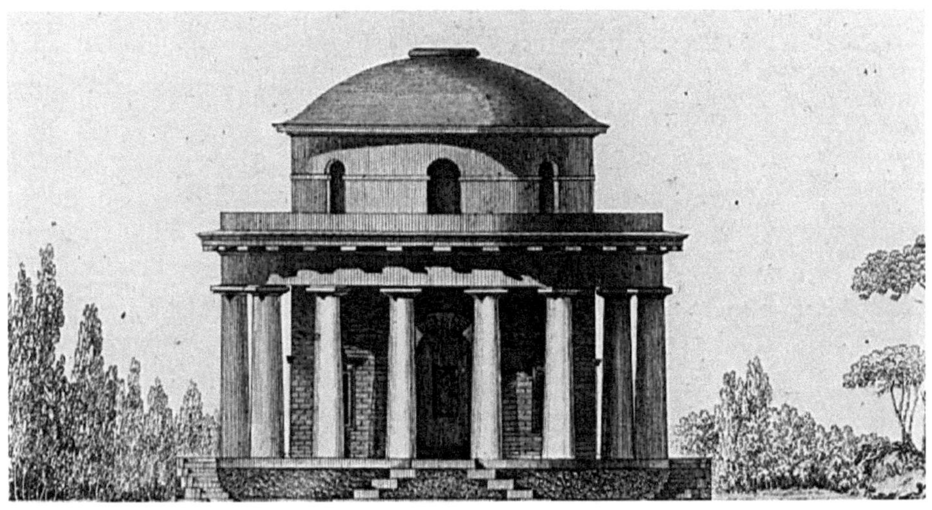

 Entwurf einer Guinguette in Chaillot.

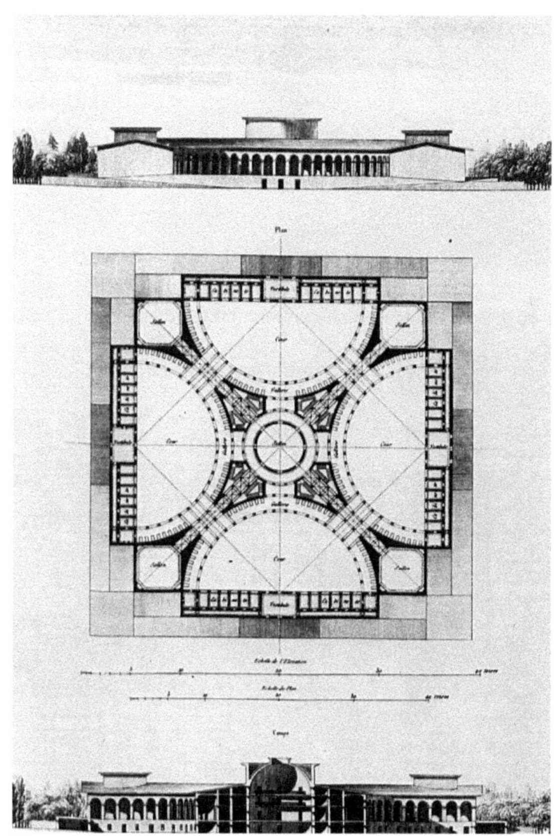

Lageplan. Barrière d'Enfer.

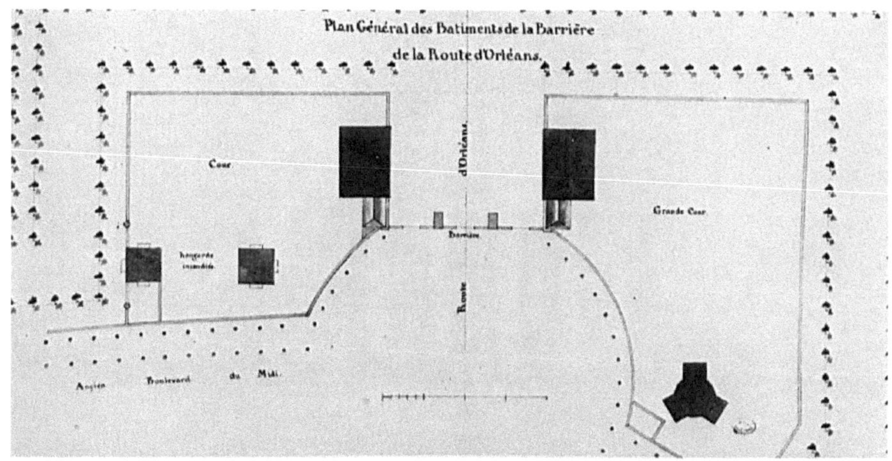

Abbildung 27: Barrière d'Enfer. Stich von Ch. Normand für die Annales des Bâtiments.

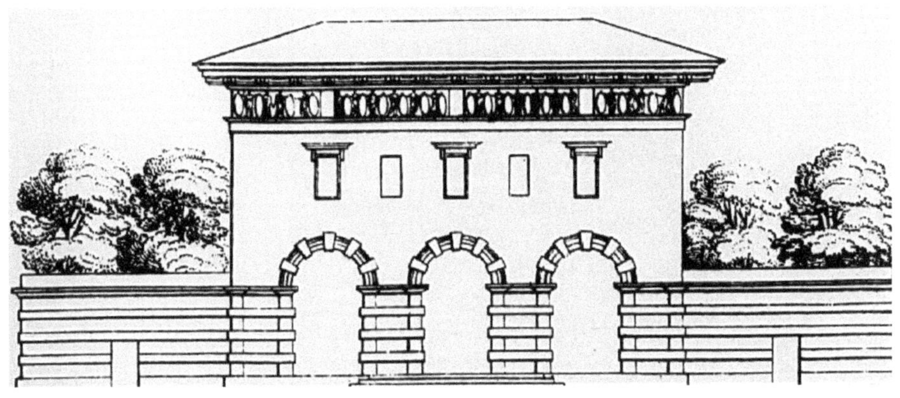

Abbildung 28: Barrière de Chartres. Nach Ledoux gestochener Aufriss.

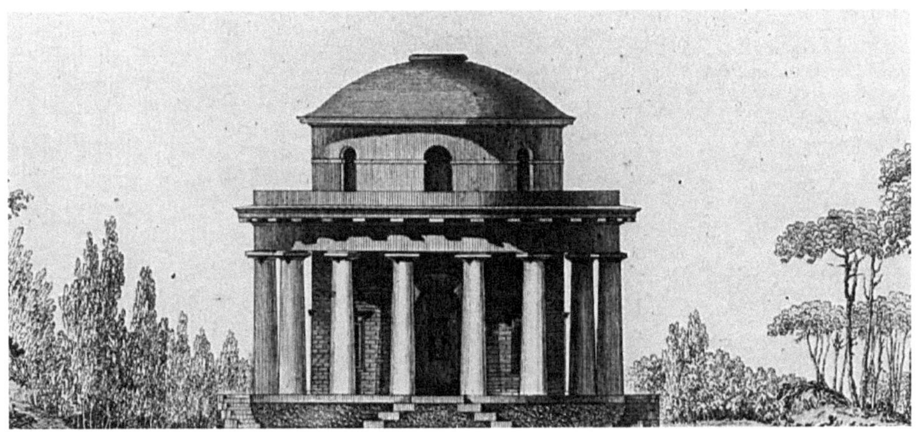

Abbildung 29: Barrière de la Villette. Geometrischer Aufriss nach Legrand gestochen.

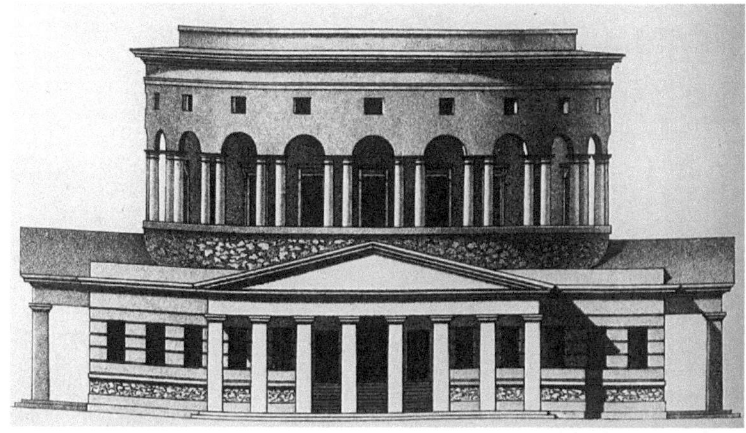

Abbildung 30: Barrière   bat. Aquarellierter Abzug eines Stiches   alaiseau.

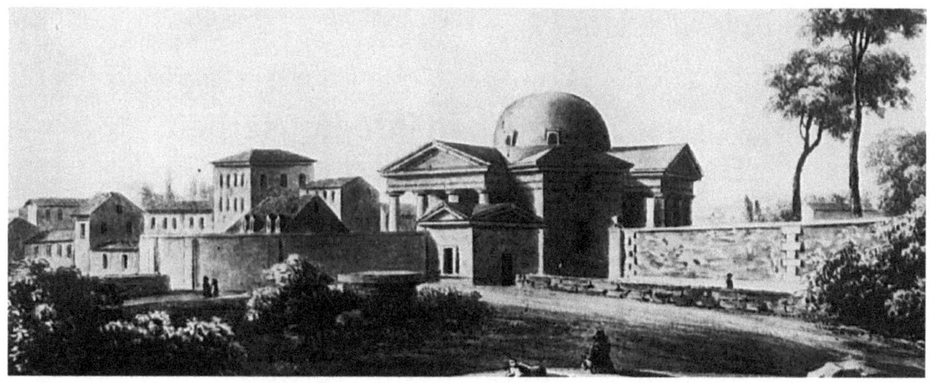

Abbildung 31: Barrière du Trône. Stich von Courvoisier.

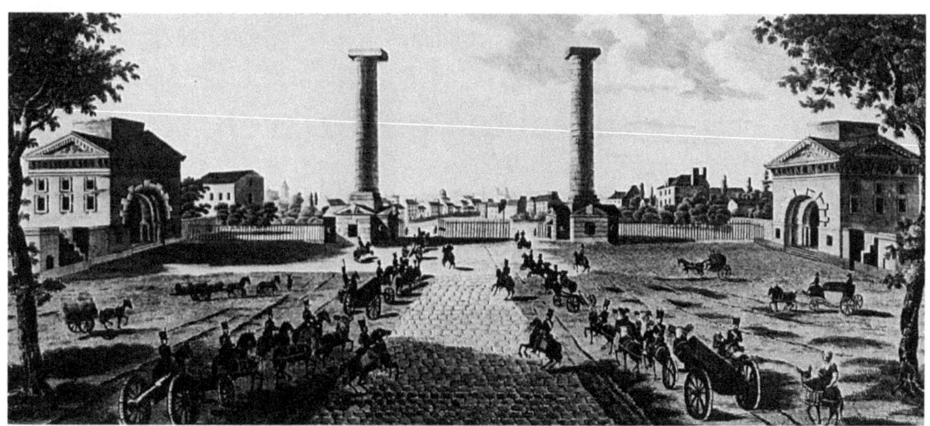